La familia

Eugenio Cantero
ilustrado por Fabiola Graullera

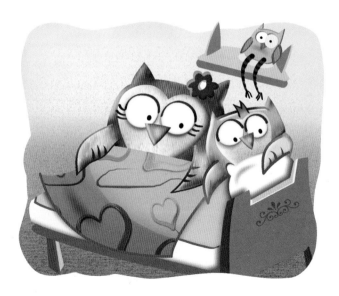

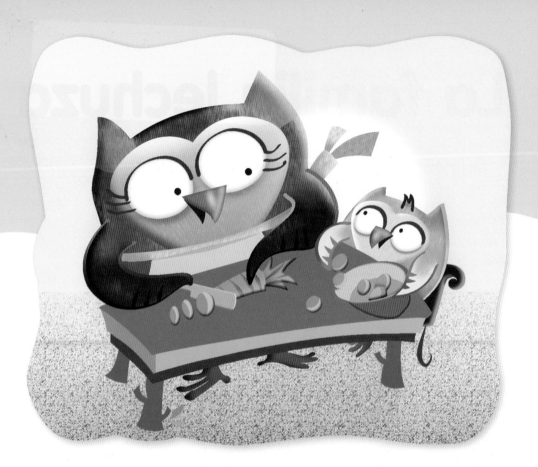

Yo hago puré.

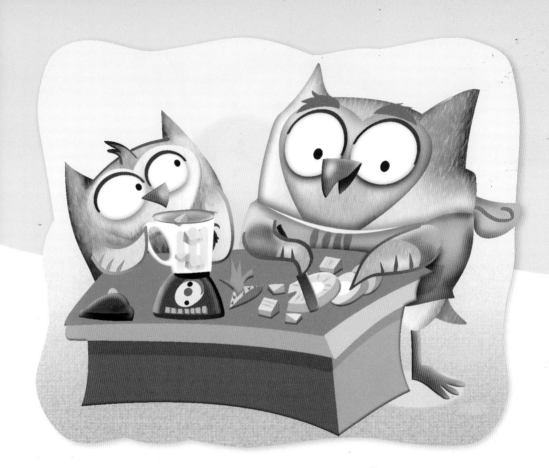

Yo hago zumo de piña.

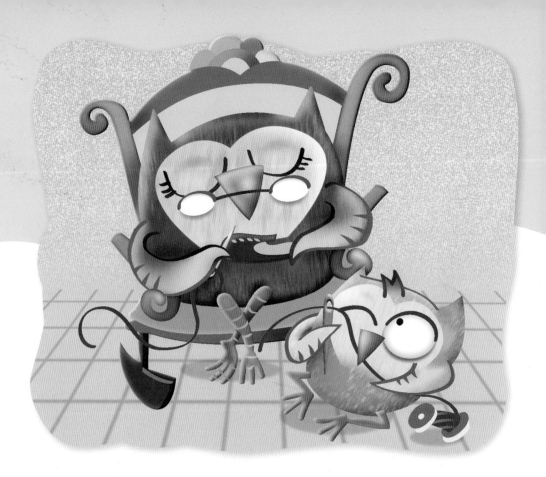

Yo hago una zapatilla.

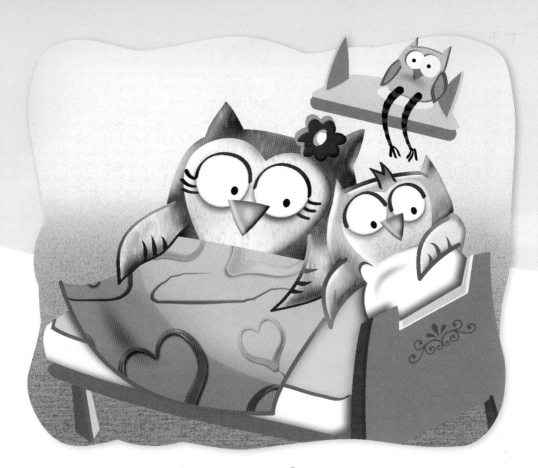

Yo hago la cama.

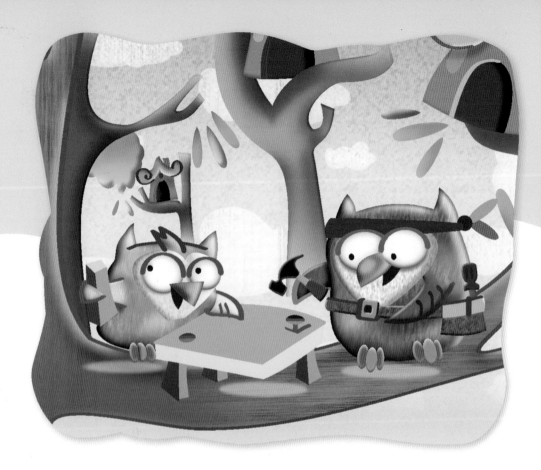

Yo hago una mesa.

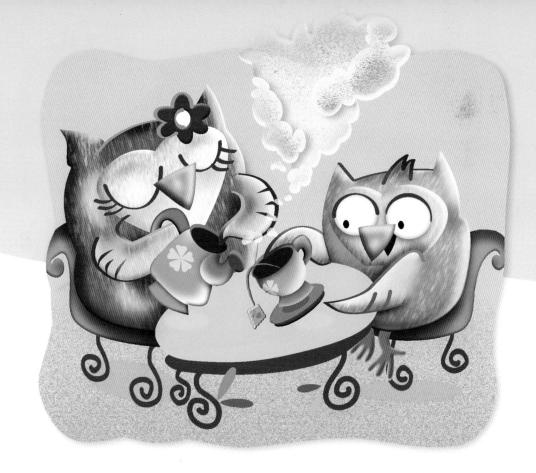

Yo hago té.

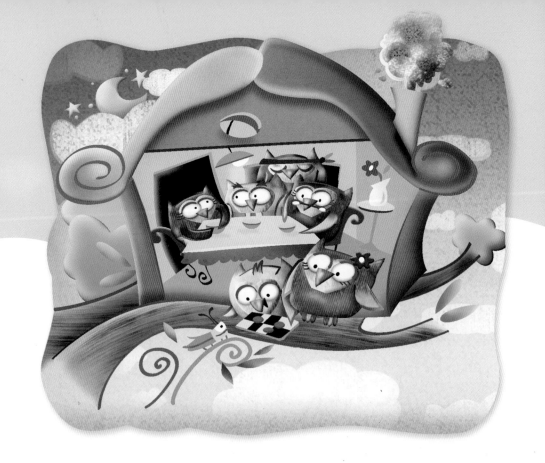

Tengo una familia fabulosa.